Caspar Klingner

Königliche Krönung zu Koppenhagen, den 29. Augusti, Anno

1596

mit besonderm Fleiss in ein Lied verfasset

Caspar Klingner

Königliche Krönung zu Koppenhagen, den 29. Augusti, Anno 1596
mit besonderm Fleiss in ein Lied verfasset

ISBN/EAN: 9783743629554

Hergestellt in Europa, USA, Kanada, Australien, Japan

Cover: Foto ©Thomas Meinert / pixelio.de

Weitere Bücher finden Sie auf **www.hansebooks.com**

Des durchlauchtigsten/Großmechtig-
sten/ Hochgebornen Fürsten vnd
Herrn/

Herrn Christiani des

vierdten dieses Namens/ zu Denne-
marck/Norwegen/ic. Königes/ Gott lob glück-
liche geschehene Königliche Krönung zu
Koppenhagen, den 2?. Augusti,
Anno 1596.

Mit besonderm fleiß in ein Lied verfasset/

Vnd wird darinne gehandelt / was sich zugetragen/kurtz
zuvor/vnd in der frembden Herrn Einzöge/ Auch von
dem Gepreng der Krönung / vnd was sich begeben bey
der Hochzeit des Durchlauchtigen/Hochgebornen Für-
sten vnd Herrn/Herrn Johann Adolffen/ Ertzbischof-
fen zu Bremen / ic. Gehalten mit dem Königlichen
Fräwlein/Fräwlein Augustam/der Königlichen Maye.
hertzgeliebten Schwester. Vom Ringrennen / auch
vom Torniren vnd pallien auff dem alten Marckt ge-
schehen.

Durch
Caspar Klingnern / Buchbindern.

Im Thon/
Hertzlich thue mich erfrewen die liebe Sommerzeit/ic.
Oder / Vom Graffen zu Rom/Auch wie man
den alten Hildebrand singt.

Görlitz
Gedruckt im Jar 1599.

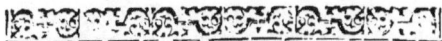

Den Erbarn / Namhafften / Wolweisen
Herrn / Burgemeister vnd Rath der Könich li-
chen Seestatt Koppenhagen / Meinen günstigen
Herrn vnd Förderern.

Gnade/ Friede / Barmhertzigkeit vnd glückselige Wol-
fart / von Got dem Vater durch Jesum Christum
vnsern Erlöser vnd Seligmacher/ sampt dem heili-
gen Geiste.

Rbare/Namhaffte/Wolwei-
se Herrn/ Oluff Meartenssön/Pe-
trus Munck/Seffrin Christenssen
Oluff Matzssön / Bürgemeister.
Albrecht Christenssen/Jens Eket/
Jörgen Beneisson/ Erich Clement/
Jacob Brun/Christen Albrechts ön/ Niels Hans-
sön/ Rathherrn. Carsten Rytter/ König. Maistr.
Pfoaet. Knud Marcusson/ Statschreiber. Alle
bey dieser höchloblichen vnd gedechtnudigen Kö-
nichlichen Krönung ꝛc. die (Got lob) glücklich ge-
schehene Königliche Krönung/ Christian i dee vierd-
ten dises Namens/ Königs zu Dennemerck vnd
Norwegen / ꝛc. Ist wolwerth / daß men da von
schreiben/ ja singen vnd sagen mag : Derhellen
hab ich mir fürgenommen / dieseib in ein Lied zu
verfassen/

A ij

verfaſſen / vnd darinne etwas rüren / von ihrer
Mayt. Pracht vnd Herrligkeit/auch Tugend vnd
geſchwinden Geſchickligkeit. Verſehe mich ihre
Kön.Mayt.wer de daran kein vngefallen tragen/
daß ſolches Leid/von ſo einer geringer vnd Privat-
perſon iſt getichtet worden / wiel ſichs doch der
HERR Chriſtus hat gefallen laſſen / daß ihm ein
Lob auß dem Munde der jungen Kinder vnd ſeug-
linge iſt zugerichtet worden/Dar auff hab ich mich
diſer Arbeit vnterſtanden / vnd dieſelbe E. E. W.
hiermit vnterdieſtlichen *dediciren* wollen/Gatz de-
mütig bittende / E. E. W. wollen meine günſtige
Herrn vnd Patronen ſein. Solches vmb E. E.
W. mit vnterdienſtlichen ſchuldigen gehorſamen
Dienſten/auch demütigen Gebet/ gegen Gott zu
verdiener/wil ich högſtes vermögens gefliſſen ſein
E.E.W. ſampt vnd ſonders dem ſchütz des Aller-
höchſten / in langwerender Geſundheit vnd Wol-
ſtande zu erhalten/ getreivlich empfehlende.

     E. E. W.

      Vnterdienwilligſter Vnterthan

       Caſpar Klingner Buchbinder.

1.

Hrist hilff daß ich mag singen/
Ein schöne Tageweiß/
Von wünderlichen dingen/
Nu mercket auff mit fleiß/
Was sich hat zugetragen/
Das sechs vnd neuntzigste Jar/
In der Stadt Koppenhagen/
Als man sah offenbar.

2.

H Err Christian der vierdte/
Ein Printz Adlich vnd schon/
Empfieng mit grosser zierde/
Die Königliche Kron/
Den neun vnd zwantzigsten eben
August Monat vorwar/
Was sich darbey begeben/
Erzehl ich hier gantz klar.

3.

R eichs Räth thet er erst welen/
Grecht/ fromb/ ja trew vnd holt/
Die ihm hulffen bestellen/
Was man da haben sole/
Hoffmeistr vnd Cantzlr mit ehren/
Reichs Marschalch wol erfarn/
Denn viel verschieden weren
In nechst verlauffnn acht Jarn.

4.

I N frembde Land gar ferren
Sende er sein Botschafft fein/
Zu König / Fürstn vnd Herren/
Ließ bitten sie in gemein/
Blutsfreund vnd sein Verwandten
Persönlich ersuchn thet/
Vnd andre Fürsten Bkandte
Zu erscheinen sie selbst anredt.

5.

S Ein Botschafft thet da schicken/
Der Durchleuchtigst Fürste fein/
Johan Adolff ließ bitten
Vmbs Königlich Frewelein/
Augustam Hochgeboren/
Von Königlichem Stam/
Welchs so ward außerkoren/
In Gottes Herren Nam.

6.

Reuter vnd
Knecht gemu-
stert/den 21.
Augusti.

T Rommeten nun thun schallen/
Der Herr wolt in das Feld/
Vnd wolt da mustern alle
Sein Reuter außerwehlt/
Sein Bürger vnd Landsknechte/
Mustert er offt vnd dick/
Biß er sie endlich brachte
In Ordnung vnd geschick.

7.

I Tzund thun heran kommen/
Die frembden Herren schon/
Hertzog Hans von Holstein fromme/

Thet

Thet erstlich kommen an/
Ihm entjegen ziehen thete
Hertzog Ulrich vnd Magnus zwar/
Dern Adel vnd Reichs Räthe/
Mit aller Ritter Schar.

Hertz. Hansen vonSchleßwig Holsten/H.Gn. Einzug/den 22. Augusti/ mit 118. Pferden.

8.

Uffm Schloß ward er schön empfangen/
Von Königlicher Majestat/
Von der Königlichen Witwe mit prangen
Von edlem Dennemarcks Rath/
Die Geschütz theten erschallen/
Daß es klang vberal/
Auffm Schloß vnd auff dem Walle/
Gingens ab allzumal.

9.

Ach disem kamen wider/
Drey Fürsten vnd auch Herrn/
Fürwar geborne Brüder/
Von Braunschweig also ferren/
Entgegn thet man jhn ziehen/
Mit Ritter vnd mit Knecht/
Gar schön empfieng man jeden/
Wie Hertzog Hansen recht.

Der drey Hertzogen von Lüneburg/Ernst/ Christian vnd Augusti/H.Gn. Einzug/den 14. Augusti/ mit 307. Pferden.

10.

Von Pommern thet auch senden/
Fürst Bugslaff seinen Sohn/
Welcher auch an dem ende/
Solt dienen der Königlichn Kron/
Herr Philip Fürst am Rheine/
Sein Eltesten Sohn auch send/

Hertzog Franzen von Stettin Pommern/ H. Gn. Einzug mit 35. pferdt.

Welcher

Welchr ihr Majestat feine/
Solt dienen an dem end.

11.

Des Groß
mechtigen
Königs auß
Schotland Ge
sandten zu
wasser/den 25.
Augusti. Item
des Churfürstē
zu Sachsen Ge
sandten/mit
56. Pferden.

S Chottische Herren kamen
Des großmechtigen Königs Leut/
Die wurdn auch wol allsammen
Empfangen mit Ehr vnd Freud/
Churfürstlich Sächsische Herren/
Kamen nu auch zu hand/
Hertzog Vlrich mit ehren/
Sein Legaten auch stattlich sand.

12.

Der Ham
burger vnd
Dantziger Ge
sandten den 25
Augusti/mit
50. Pferden.
Die Rostocker
vnd Stralsun
der kamen zu
wasser.

D Jt benachbarten Stedte/
Lübeck vnd Hamburg schon/
Die Dantziger auch nicht schlechte/
Kamen zu ehrn der Kron/
Rostock vnd Stralsund eben
Sendten ihr Herren klug/
Nu wil ich kurtz Bscheid geben/
Vons Administrators Einzug.

13.

Marggraff
Christian/
vnd Joachim
Ernst/Marg
graffen von
Brandenburg
gebrüder. Jo
achim Fride
richs Admini
strators zu
Magdeburg/
mit seinem
Fürstlichem

E rstlich theten erklingen/
Trommeten vberal/
Zu Rosse thet sich schwingen/
Die Ritterschafft allzumal/
Die Bürger sich begeben
In ihre Rüstung schön/
Mit andern Kriegsleuten eben
In Ordnung sie bald gehn.

Reiten

Gemahl Fraw
Katharina/ vñ
zweyen Frew-
lein/ Frewlein
Anna Katha-
rina/ nu ge-
krönte Köni-
gin in Denne-
marck/ Frew-
lein Barbara
Sophia/ sampt
Johan Sigis-
mund zu Bran-
denburg/ Eins-
zug/ den 10. Au-
gusti/ mit 880.
Pferden.

14.

R Eiten theten die Heren
Von Koppenhagn ins Feld/
Ein halb Meil vngefehren/
Auffgschlagen war ein Zelt /
Darinn der Held thet warten/
Der frembden Fürsin vnd Herrn/
Biß sie da kamen drate/
Denn jhr Weg war noch fern.

15.

V On Silber hört man klingen
Heerdrum vnd Trominten schall/
Der Königlich Held thet springen/
Auff sein Roß schnell vnd bald/
Da stiessen sie zusammen
Die Köng vnd Fürstlich Leut/
Gar züchtig einandr annamen/
Mit grosser Ehr vnd Freud.

16.

I N Ordnung thee sich schicken
Die edel Gsellschafft schon/
Nach Koppenhagn zu rücken/
Von eim Schloß theten gehn/
Dreysig tausend Fewrschlege/
Eßlich wards gar verbrand/
Ein groß Landsknecht am Wege
Sechs hundrt Schoß thet zu hand.

17.

E Rst thet man nu anschawen/
Die Stadt mit grosser Freud/
Wol bsetzt war Wall vnd Mawren/

B

Mit

Mit Gschütz vnd dapffr Kriegsleut/
Viel Stück hört man erklingen/
Auffm Wall mit grossem schall/
Zu Schiff da auch abgiengen
Viel gwaltigr Stück ohn zal.

18.

R Eiten theten die Herren
Zum Norden Thor hienein/
Die Burgerschafft mit ehren
In Ordnung stund gar fein/
Ihr Fahnen liessn sie fliegen/
Man hört der Trommeten schall/
Dienstlich sie sich erzlegen
Gegn disen Herren all.

19.

D A reit einer vor ahne
Mit zwo Heerpaucken fein/
Neun Trommetn mit seidn Fahnen
Von Silbr all waren rein/
Ihnen theten nachreiten
Acht vnd sechtzig Spießlungen schon/
Mit gantz sammeten Kleyden
Waren sie angethon.

20.

E Tlich waren gesticket
Mit Edlstein/Perln vnd Gold/
Mit schön Federn geschmücket/
Darauff folgeten bald
Acht Königlich Roß gezieret
Mit Gold vnd Perlen rechte/
Welcher ein sedes führet
Des Köngs leibeigen Knecht.

21.

D A kamen widerůmmen
Sechs Trommter gzieret schon/
Acht vnd sechtzig Junckern kommen
Mit Sammten Mutzen an/
Ihr Roß mit samten Hauben
Mit Perlin gesticket wol/
Edlstein/Gold/Silbr/das glaube/
Ihr gantzer Zeug war voll.

22.

I TZT kamn noch wol gezieret/
Neun Trommeter mit schall/
All Junckrn wol außstaffieret/
Mit grossem Pracht vnd Pral/
Stirnbender hetten feine
Ihr wolgeputzte Pferd/
Besetzt mit Edelsteinen/
Viel Gelds waren sie werth·

23.

E Iner mit zwo Heerpaucken
Von Silber schön bereit/
Noch zwölff mit silbern Trommeten/
Ihren Klang hört man weit/
Zwölff Königlich Spießjungen
Aber maß schön geziert/
Ihr Roß schön einher sprungen/
Daß man erfrewet wurd.

24.

S Ehr prechtig kamn mit ehren
Des Großmechtigen Königs Räth/
Mit der frembden Fürsten Landsherrn
Vnd gantzem Adel zur stet/

B ij   Fürsten

Fürstn vnd Herhogn daneben
Die folgen nu gar bald/
Herhog Hans von Holsten eben/
Fürst Rudolff zu Anhalt.

25.

E Rst Herhog Franh von Pommern.
Mit Pracht auch kompt herein/
Herhog Christian fromme
Fürstlich gezieret sein/
Herhog Ulrich hochgeboren
Ihr Maye. Bruder war/
Mit Johannes auserkoren/
Auch Magnus ihrm Vettern zwar.

26.

S Chaw an den Fürstn vnd Herren/
Herrn König Christian/
Leucht wie die Sonn vorn Steinen
Die an dem Himmel stahn/
Er fürt auff seiner seiten
Den Marggraffn von Brandenburg/
Auch thet neben ihm reiten.
Administrator von Magdeburg.

27.

N Ach dem mehr Fürstn vnd Herren/
Jochim Ernst von Brandenburg/
Marggraff Johan Sigmund mehre/
Herhog Ernst von Lüneburg/
Herhog Johanns der alte
Zu Schleßwig vnd Holsten Herr/
Herr Christian vnd Auguste
Von Lüneburg so ferr.

Als

A Es denn kam da gar prechtig
   Wolffgang Wilhelm am Rhein/
   Von Lüneburg Hertzog Friedrich/
   Hertzog Alexander von Holstein/
   Folgt der Hoffmeistr mit ehren /
   Darzu der Cantzler weiß/
   Marschalck vnd anbr Reichs Herren/
   In sechs Gliedern mit fleiß.

29.

M Ehr kamn vorgüldte Wagen
   Mit Fürstin vnd Frewlein/
   Ich kans nicht gnug aussagen
   Wie schön sie zogen ein/
   Letzlich die Reysign Knechte/
   Einheimisch vnd frembde zwar/
   Zu zehln ich nicht vermochte/
   So gar groß war die Schar.

30,

E S pflegt nicht gern zergehen/
   Groß Freud ohn grosses Leid/
   So thut hier auch entstehen
   Ein Fewr vmb Mitnachts zeit/
   Zu Sturm thet man stracks leuten/
   Lermen thet man auch schlan/
   Ihr Mayt geschwind hin reiten/
   Treib jedrman ernstlich an.

                         Ein Fewr ent-
                         stund greulich
                         vnd wild/
                         Mit Christi
                         Wort ward es
                         gestille.

31.

N Achm Hollm der Herr schnell ritte /
   Rufft auff sein Schiffvolck zwar/
   Halff selbs flugs leschen mitte
   Wos am nötigsten war/
        B iij   Aber

Aber es hett genommen
Letzlich ein böses end/
Wenns nicht bald wer vorkommen
Mit Christi Wort behend.

32.

Schlaffen legt man sich wider
Ein weil die wert nicht lang/
Da hört man auff vnd nider
Der silbern Trommeten Klang/
Hertzog Johan Adolff thet kommen/
Zu Roß ein jeder sprang/
Ward auch schön angenommen/
Wie ander Fürstn mit Prang.

33.

Jerlich war er staffieret/
Mit Gold vnd Perlen rein/
Sein Roß gantz schön gezieret
Mit köstlich Edlgestein/
Sein Rittrschafft auch nicht minder
Mit Gold vnd Perln bereit/
Mit Edelstein vnd Silber
In Samt vnd Seidn gekleid.

34.

Ns laßt Gott lobn vnd ehren/
Sampt Christum seinen Sohn/
Heut wil vnsr Printz vnd Herre
Annemn die Königlich Kron/
Erst hört man jubilieren/
Trommetn vnd Trommen Klang/
In allen Gassn hofieren/
Auff/auff/vnd machts nicht lang.

Da the•

Hertzog Johan Adolffen zu Schleßwig Hollstein/ Ertzbischoffes zu Bremen/samt J.J.G. Fraw Mutter/Hertzogin Christina/geborne Landgrefin zu Hessen/Einzug/den 28. Augusti/mit 741.Pferden.

Summa aller frembden Herren Pferde/ 2640. Aber Kön. Maye. in Dennemarck Pferde waren vnzehlich.

Christian der vierdte dises Namens/Königl zu Dennemarck vnd Norwegen/ ward gekrönet den 29. Augusti Anno 1596.

35.

D A theten sich nicht seumen
Die Fürstn/auch Rittr vnd Herrn/
Auffs Schloß kamens mit eilen/
Zu folgn dem Printzn mit ehrn/
Zur Kirchn die Bürgr schon waren
Mit ihrn vier Fahnn bereit/
Auffwartn mit grossm Begehren/
In Rüstung schön gekleidt.

36.

E Als ihrer Mayt. fürtruge
Der edl Hoffmeistr die Kron/
Herr Cantzler züchtig vnd kluge
Den Scepir von Gold gar schon/
Der Herr Marschalch thet füren
Das schön vergüldte Schwert/
Herr Stehn Brahe trug mit zieren
Den güldn Reichsapffel werth.

Christoffer
Walckendorff.
Christian Fryß.
Petrus Munck.

Stehn Brahe.

37.

N B war schön außstaffieret
Die Kirch gantz vberal/
Mit Samt vnd Seydn gezieret/
Mit güldn Stückn ohn zal/
Drey Bißchöff zur stedt da weren/
Von Seeland/Fünen vnd Schon/
Satzten ihm auff mit ehren
Die Königliche Kron.

D. Petrus Win=
storp/ M. Ma=
gnus Matzson/
M. Jacob
Madson/ Bi=
schöffe.

38.

N B waren in dem Chore
Viel Fürsten / Rittr vnd Herrn/
Die Königliche Wittwe Hochgeboren/
Viel Fürstin vnd Frewlein mit ehrn/

Die

Die Kirch voll Adl zuhanden/
Pfarrkirch auch vberal/
Sind die Welt hat gestanden
Was drinn nicht so ein zal.

39.

E Rst ward geopffert die Krone/
Darnach Scepter vnd Schwer/
Der güldn Reichsapffl auch schone
Gereicht dem König werth/
Mit Königlichr Salb geschmieret /
In Königlich Kleidr gefürt/
Mit Königlicher Würde gezieret/
Als jhr Mayt. g:bürt.

40.

M Jt grosser Freud vnd Wonne/
Mit grosser Prache vnd Pral /
Zog dise Gsellschaffe schone
Widr auff des Königs Saal/
Die Gschütz than erst loß brennen
Auffn Schiffn vnd auff dem Wall/
Der war ein grosse menge/
Die gingn ab allzumal.

41.

A Nfenglich einr thet gehen
Mit Silbrn Heerpaucken fein/
Noch neun mit Silbrn Trommeten/
Sie bliessen dapffer drein/
In Samt vnd Damaschn Kleiden
Warens all angethan/
Grosse Fahnn von Gold vnd Seyden
Hingn an Trommeten schon.

Rechte

42.

R Echt ordentlich thet kommen
Der gantz Adel im Reich/
Die frembden Herrn auch fromme
Folgten jhnen dergleich/
Der frembden Herrn Marschalle
Mit jhrem Adel frey/
Dazu die Gsandten alle .
Folgten fein nach der Reyh.

43.

C Jerlich nun einher treten
Die Gsandten der freyen Städt/
Welchen stracks folgen theten
Die Fürstnthümlich Landräth/
Die Königlich Reichsräth freye
Mit lang Samten Manteln an/
Theten je drey vnd drey
In jederm Gliede gahn.

44.

K Ommen thet da noch einer
Mit zwo Heerpaucken fein/
Noch funfftzehn Trometer gmeine
Von Silbr all waren rein/
Zween Herolt in jhrn trachten
Vnd Habit hübsch gekleid/
Zween mit Geld in grossen Secken   Johan Marias
Warffen vnter die Leut.   borch/Peter
                                   Srandson/viel
45.   Geld vnter die
                                   Leut geworffen
N V kommn die edlen Herren
Hoffmeistr vnd Cantzler gut/
Der Marschalck auch mit ehren
Sten Brahe tragen thut/

C   Den

Den Reichsapffel von Golde/
Die andern drey Regal
Gott lob soll nu verwalten
Der mechtig König all.

46.

O schaw wie her thut reiten
Ihr Mayt. adlich vnd schön/
Was führt er auff seim Heupte ?
Von Gold die Königlich Kron/
Was führt er an seiner Seiten ?
Das schön vergüldte Schwerdt/
In seiner Hand allzeite
Den güldnen Scepter werth.

47.

R Echt schön ward auch getragen
Ein Himmel vber jhm/
Von vier gar edlen Knaben/
Reichsordthen mich vernim/
Jhm giengn zu beyden seiten
Hundert Trabanten gut/
Acht Lackeyn in gülden Kleiden/
Die Trabantn in Sammet roth.

Georg Kryß/
Preben Gülden
stern/Axel Bra-
be/Henrich
Lyke.

48.

W Ol nach jhm theten kommen
Die Schottisch Gsandten starck/
Marggraff Christian fromme
Churfürstens von Brandenburg/
Churfürstlich Sächsisch Gesandten/
Administrator von Magdeburg/
Der Ertzbisschoff wol bekandte/
Auch der Marggraff von Brandenburg.

Eos am

E	S kam auch da hereine
	Marggraff Johann Sigmund/
	Hertzog Hans von Holsteine/
	Hertzog Ernst auch da zur stund/
	Die Mechlburgische Herren
	Kamen fein auch heran/
	Von Lüneburg mit ehren
	Kam Hertzog Christian.

		50.

G	Ar schön kam Hertzog Augustus
	Von Lüneburg gantz fern/
	Pfaltzgraff Wolffgang Wilhelmus/
	Auch Hertzog Frantz von Pommern/
	Die jungen Herrn gar feine
	Folgen nun jetzund bald/
	Von Lüneburg vnd Holsteine
	Dazu auch von Anhalt.

		51.

E	Ndlichen theten reiten
	Hertzog Ulrich hochgeborn/
	Ihm reit zur rechten seiten
	Hertzog Johans außerkorn/
	Hertzog Magnus zur lincken Hand/
	Mehr Fürstn vnd Herren schön
	In eines Königs Lande
	Sind beysamm nicht gesehn.

		52.

N	Vn kompt hernach gefahren
	Die Königlich Witfraw schon/
	Mit ihrn zwey Fräwlein klare/
	Gantz Königlich angethan/

			C ij			23

All Fürstlich Frawen eben
Auff vergülden Wagen all/
Mit ihrn Fräwlein darneben/
Ihr war ein grosse Zal.

53.

Ein Brunnen leufft mit viererley Wein. D A man kam weiter von hinnen
Auff den Ohmacher Marck/
Thet viererley Wein rinnen
Auß einem Brunnen starck/
Der solt haben gesoffen
Ein graume Zeit vmbher/
So ward er von Pöffl zerbrochen/
Drumb kondt er nicht lauffen mehr.

54.

Ein gantzer Ochse/mit allerley Wildpret gefüllet vnd Vögeln gespicket/gebraten/ darüber Preiß gegeben, E IN feister Ochs darneben
So gantz gebraten war/
Mit Hasn/Genß/Hünern vnd Vögeln
Gfüllt vnd gespicket gar/
Als die Herrn vorüber zogen/
Lustig sah man das an/
Wie sich darüber schlugen
Jung/ Alt/ Frawen vnd Man.

55.

R Echt schön bey der Ostrstrassen
Stunds triumphirend Hauß/
Drinn jubilirten ohn massen
Viel Seitenspiel durchauß/
Mit Music vnd Heerpaucken
Vnd andrn lustigen Spiel
Von Trummeten/Zincken vnd Lauten
Hört man der Freuden viel.

Wel

W Ol vier Riesen da stunden
Als man solt ziehen drein/
Die neigten sich zu grunde
Wol für dem König fein/
Ein Engl thet nieder fahren
Mit einer gülden Kron/
Setzt sie dem König klare
Mit reverentz auff gar schon.

57.

E Ben dadurch auch namen
Die Herrn all jhren Weg/
Vnd kamn auffs Schloß allsammen/
Die Tafeln warn gedeckt/
Erst thet man pancketieren
Mit grosser Herrligkeit/
Dann tantzn vnd jubilieren
Mit grosser Wonn vnd Freud.

58.

N V thet man andern Tags führen
Zur Kirchn die Königlich Braut/
Vnd ward mit jubilieren
Hertzog Jhan Adolffn vertraut/
Ich wil hier nicht beschreiben
Mit was grosse Herrligkeit/
Man möcht mirs sonst nicht gleuben/
Denn seltzam sind die Leut.

59.

D A der Tag war verloffen
Mit grosser Freud durchauß/
Thet man all Fenster öffnen
Auffm Königlichen Hauß/

C iij   Da

Da thet sich drein verfügen
Ein jeder Fürst vnd Herr/
Den graben sah man nüber
Ein künstlich Freuden fewr.

60.
Stadt Rom
M. Curtius.

E IN Stadt auff welches Marckte
Ein Fewrpfül grewlich brendt/
Ein freudiger Ritter starcke
Stürtzt sich darein behend/
Da erhub sich so ein krachen/
Als alles wolt zergehn/
Gar viel fewriger Trachen
Sah man auß vnd einkriechn.

61.

N Och saß in einer Krone
Der Gott Jupiter frey/
Auff einem hohen Throne/
Zwey Meerwunder darbey/
Auffn Rundeln sah man eben
Kriegsleut vnd Türcken viel/
Ein altes Weib darneben
Macht da ein lustig Spiel.

62.

V Iertzig tausend Fewrschlege
Giengen ab mit gewalt/
Viel tausent Racketn allwege
Flohn auff gen Himmel bald/
Man warff auch auß dermassen
Viel Fewerkugeln groß/
Die machten auff dem Wasser
Ein wunderlich gethöß.

63.

N Ichts ward da vnterlassen
Was dient zu Wonn vnd Freud/
Statlich Mummereyn ohn massen
Folgends Tags warn bereit/   Viel

Viel Gschmeid vnd güldne Ringe
Ihr Mayt. setzt auff zu hand/
Ließ die Fräwlein willig gewinnen
Vnd schenckts ihn allen sampt.

64.
D Arnach thet widr anfangen
Ein Fewr künstlich bereit/
Die Babylonisch Hur mit prangen
Stattlich war außgekleid/
Lermen ward bald geschlagen/
Die Geschütz da gehen an/
Stürmen/streitn/schlagn vnd jagen/
Die Racketn gen Himmel gahn.

65.
G Ar wol lagen im Meere
Die Köngschen Schiffe schon/
Inwendig verlangten die Herren
Dieselbn zu schawen an.
Des dritten tags nauß fuhren
Die Herrn vnd Fräwlein all/
Drinn tanzten vnd pancketierten|
Freudschüß hört man ohn zal.

66.
O ffentlich auff dem Marckte
Die Ringbahn schön thet stehn/
Mit fünff Thorn hoch vnd starcke/
Von Gold vnd Farben schön/
Obn auff gar schön gezieret
Mit Lylien vnd Rosen zart/
In drey Bähnen formiret/
Sah wie ein lustigr Gart.

67.
D Vrch ein thet man auffziehen/
Durch die ander wider ab/
In der dritten thet noch stehen
Ein Pford/drinn hing herab   Von

Von roten Gold ein Krone/
Das Ringlein vnten dran/
Obn brauff Fortun stund schone
Mit eim Segl oder Fahn.

68.

T Abulet warn auffgeschlagen/
Drauff die Judicirer stahn/
Die güldn Credentz außgaben/
Dem ders best hat gethan/
Die Könglich Wittwe eben
Zur andern seit thet stehn/
Mit Fürstn vnd Fräwln darneben
Dem Rittrspiel zu zusehn.

69.

Freytag den
3. Septemb.

E S thet sich außstaffieren
Ihr Könglich Mayestat/
Vnd kam mit jubilieren
An des Turnierens stat/
Erst ǽnr vor ihm thet reiten
Mit zwo Heerpaucken gut/
Darnach neun mit Trommeten
Die bliesn mit freyem Muth:

70.

Magister de
Campo.

N Ach ihnen thete reiten
Von Lüneburg Herr Christian/
Augustus zur rechten seiten/
Hertzog Frantz von Pommern schon/
Hertzog Vlrich vnd Hans eben/
Ihr Mayt. Bruder zart/
Hertzog Magnus darneben/
Sechs Reichsräht auch zur fart-

Kommen

K Ommen thet da noch einer
  Mit zwo silbern Heerpaucken fein/
  Zwölff mit silbern Trommeten reine/
  Mit freuden bliessens drein/
  Zween Wechselbelg theten ziehen
  Ein groß viereckicht Hauß/
  Drauff allrley Münche stehen/
  Musicirten schön durchauß.

O Rdentlich thun hertreten
  Zween Münch mit Reuchfässen dar/
  Zween Thumbherrn mit roten Bärten
  Vnd weißn Chorröcken klar/
  Zween Münch noch theten sprengen
  Weywasser vntr die Leut/
  Viel Trabanten nebn jhn giengen
  Auff Schweitzrisch schon gekleid.

N Och zween Bäpstlich Kammerdiener
  Roth vnd weiß angethan/
  Widrumb zween hinter jhnen
  In weiß vnd Violen braun/
  Ein Münch der thet nu tragen
  Ein dreyfach Creutz von Gold/
  Er hets gar hoch erhaben/
  Heilig alls scheinen solt.

I HR Mayt. theten tragen
  Zehn geistlich Herrn mit fleiß/
  All rote Haubn auffhaben/
  In langen Kleidern weiß/

              D   Auff

Auff eim Stul vberzogen
Mit gedrucktem Sammat roth/
Zween grosse Fliegenwedel trugen/
In diser Hitz war es noth.

75.

G Eziert mit rotem Golde
Mit einer dreyfachen Kron/
Geistlich thet er sich halten/
Von Gold sein Mantel schon/
Gar prechtig mit seinen Bischoffen/
Heilig auff die Bahn kam/
Ich hett ein Eyd geschworen/
Er wer der Bapst von Rom.

76.

H In der ihm noch zween kommen
Thumbherrn in Chorröcken weiß/
Zween Bischoff geistlich vnd fromme
Hielten ihr Stab mit fleiß/
Drey Cardinäl mit sitten
Auff Maulescln reiten her/
Mit roten Mänteln vnd Hüten/
Führten all drey Rennspeer.

77.

E Ndlich man ihm nachfuhret
Sechs schön geputzte Pferd/
In roth vnd geel gezieret/
Auff Polnisch die Diener werth/
Reverentz da schon erzeiget
Den Judicirern auff der Bahn/
Den Edlen fräulein auch neiget
Der heilig Vater schon.

Recht

78.

R Echt wol thet sich auch zieren
Herr Administrator schon/
Vnd kam mit jubilieren
Nachmals auch auff die Bahn/
Einer frisch schlagen thete
Auff zwo Heerpaucken frey/
Noch zwölff mit silbrn Trommeten
Bliessen gantz dapffer drein.

Die 1. Inven-
tion des ersten
tag.s.

79.

Z Jerlich nach ihnen ritten
Drey Fürstlich Feldherrn frey/
Noch drey Reichsräth mit sitten
Darzu erwehlt dabey/
Herr Brian im Vngrischen Rocke
War blaw mit Sternen weiß/
Ein groß rot sammten Hute/
Ein Streithammr führt mit fleiß/

Magister de
Campo.

80.

O HN das noch zwölff Trommeten
Vnd zwo Heerpaucken schon/
Noch zwölff Turckisch Jnstrumentisten
All spieltn mit süssem Thon/
Ein Heidnischr Held thet reiten/
Herr Administrator war/
Staffiert nach art der Heyden/
Mit goltgeel krausem Haar.

81.

G Leichfalls ward außstaffieret
Johann Sigsmund sein Sohn/
Hinder den Ohrn gezieret
Mit zween silbern Flügelwischn/

D ij   Nach

Nach Heidnischr art gezieret/
Sein Rock schön blaw vnd weiß/
An seiner Seitn er führet
Ein Türckischn Sebel mit fleiß.

82.

Z Ween grosse silbern Flügel
Hindern Sätteln ihrer Pferd/
Schwungen sich auff vnd nider
Wenn rittn die Herren werth/
Köcher von roten Sammet/
Flitschbogn vnd Pfeil mit fleiß/
Auff die Decken war gemalet
Ein Adler der war weiß.

83.

V Ber das noch zween Heiden
Gezieret mit Speeren fein/
Drey Lackeyn in Sammeten Kleiden
Vnd gülden Flügelein/
Noch achtzehn Reuter eben
Als ihr Herrn angethan/
Groß schallen thet es geben/
Als sie kamn auff die Bahn.

84.

S Echs Pferd hernach man führet/
All Sättl mit Perln bereit/
Mit silbern Adlern gzieret/
Einen auff jeder seit/
Die Herrn erst ehr erzeigen
Königlichr Mayestat/
Den Judicirern auch neigen
Vnd allen Fräwlein zart.

Cierlich

81.

C Jerlich thet von sich legen
Der Bapst die dreyfach Kron/
Blieb längr in keinem wege
Auffm Bäpstlichn Stul so schon /
Denn er thet sich verfügen
Auff sein Roß schnell vnd bald/
Gschwind als ein Pfeil thut fliegen
So rennt er mit gewalt.

86.

H Err Administrator schone
Drey Ritt erst mit jhm rennt /
Marggraff Johann sein Sohne
Gleichfalls drey Ritt vollend/
Noch waren da zur stete
Achzehen Ritter frey/
Ein jedr mit jhm auch thete
Zierlicher Ritte drey.

87.

L Ustig war anzusehen
Die groß geschwindigkeit/
Jhr Mayt. thet begehen
Auff diser Bahn mit freud/
Denn selten fehlts dem Herren
Er führt den Ring davon/
Drumb worden jhm mit ehren
Viel güldn Credentz zu lohn.

88.

E S zogn bald auff vnd nieder
Die Herrn vnd Ritter frey/
Verlohrn hett da ein jeder
Sein pretium biß auff drey /

D iij   Jhr

Ihr Mayt. gwan eben
Siebenzehn Kleynod gar schön /
Thet sich bald widr begeben
Zum eingang der mittel Bahn.

89.

Die 2. Inven-
tion.

S O bald drauff thete kommen
Von Brandenburg Hertzog Christian/
Vor ihm erst zwo Heerdrummen
Mit zwölff Trommetern schön/
Sechs Feldherrn züchtiglichen/
Instrumentisin/ auff sonder manier
Ihr Röck gelb vnd weiß/ dergleichen
Mit leibfarb Ermeln schier.

90.

W Acker thet einher treten
Ein klein nackt Knäbelein/
Kraußhärig/her auff dem Rucken
Zwey schöne Flügelein/
Bogen vnd Pfeil frey füret/
Ein junger Knab auch kam
Ein Globum auff sein Kopff führet/
Ein Schlang wand sich darumb.

91.

I N gelb vnd weiß gekleidet/
Leibfarb trug er auch an/
Zween Flügel schon bereitet
Auff seinem Rucken stahn/
Ein halbn Mon thet er führen
Auff eim Stab in der Hand/
Darunter stund mit zieren
Weißheit oder Verstand,

Gantz

92.

G Antz achtbar zwo Perſonen
  Der ein geiſtlich gekleidt/
  Der andr ein Harniſch ſchone
  Vnd Schild zum ſtreit bereit /
  Honor gar ſchön thet ſtehen
  Auffm Buch des gierten Mans/
  Honor thet man auch ſehen
  Auffs Kriegsmans Schilde ſtahn.

93.

H Erein gar ſchnell auch trate
  Ein alt greißgrawer Man/
  Mit langem Haar vnd Barte/
  Zween Flügel thet er han/
  Faſt nackend thet er ſcheinen/
  Ein Seegen in ſeiner Hand
  Vnd ſtundglaß mit Flügeln kleine/
  Die Zeit war er genant.

94.

O wie ſchon thet da kommen
  Ein weiß vnd ſchwartzes Pferd/
  Das weiſſe fürt ein Sonne/
  Das ſchwartz der Monden werth/
  Ein Weibsbild ſie regieret/
  Auffm Kopff fürt ſie ein Stern/
  In blaw Kleider gezieret/
  Den Tugendberg nach ſich fürn.

95.

L Aſter am Berg auch waren/
  Erſtlich ein heßlich Weib/
  Gantz magr mit langen Haaren/
  Zwo Schlangn hett ſie beym Leib/
                Die hette

Die hett sie schier zurissen/
Das macht ihr grosser Neid/
Ein Fuchs stieß ihr beym Füssen
Im Mörsr Schlangen allzeit.

96.

S Eben thet man zur Rechten
Ein Italianer stahn/
Der thet mit grimmen stets stechen/
In ein Todten dentzschen Man/
Ein Nackent Weib lag geschlagen/
An Ketten zur lincken hand/
Ein Spiegel für sich thet haben
Hoffart vnd begierd genandt.

97.

T Olpisch hinderm Berg lage
Bachus feist/ faul vndbloß/
An Ketten auch angeschlagen/
Füllt sich ohn vnterlaß/
Auffm Berg in weissen Kleiden
Stundn Gricht in Jungfraw manier/
Ein Bosaun bließ bescheiden/
Mehr Wundr sah man noch hier.

98.

E S thet der Berg auff springen/
Vor männglich auff die Bahn/
Die Tugnd gar schon drauß gienge
Mit vier singden Knäblein schon/
Gelb/weiß vnd Leibfarb gzieret/
Ein Sceptr in ihrer Hand/
Mit eim Hertz die Sonn drauff führet/
Zur Tugnd sie all vermant.

Ihr

I Hr Fürstlich Gnad ther kommen
Führt ein Scepter mit offner Hand/
Als ein streitbar Ritter von Rome/
Auff seim Schild Lieb der Tugend stund/
Sein Helm mit Perln gezieret/
Sein Sattl vnd schönes Pferd/
Drey Lackeyn auch so staffieret
Waren auff den Herren werth.

100.

N Eun Graffn in solchn manieren
Wie alt edl Römer frey/
Auff ihrn Rondeln sie führen
Ihr namen ohne schew/
Sehn Pferd mit schönen Zeugen
Führt man den Helden nach/
Ihr Mayt. sie all neigen/
Darauff das Rennen geschach.

101.

S Ehr scharff vnd auch mit zieren/
Rennet der Fürst vnd Herr/
Drey mal thet er weg führen
Den Ring an seinem Speer/
Aber es fehlt dem Herren/
Ihr Mayt. ward ihm zu gschwind/
Hett anderthalb treffen mehre/
Dardurch die Schantz gewinе.

102.

T refflich wol thun auch rennen
Die andern Herren neun/
Von ihr Mayt. kondt keiner gewinnen/
Als Abraham Bellin allein/

C   Da zog

E

Da zog wider von hinnen
Die schön Gsellschafft/ durchauß
So gar mit kleinem Gwinne/
In Doctor Nicolai Hauß.

103.

Die 3. Inven-
tion.

O Rdentlich widr sich stellen
Ihr Mayt. vorn auff die Bahn/
Bald kam mit grossem pralen
Pfaltzgraff Wolff Wilhelm schon/
Erst Königlich Heerdrummen
Vnd auch Trommeten frey/
Sechs edel Feldherren fromme
Noch Vngrisch Trommeter drey

104.

R Itterlich kamn geritten
Herr Pfaltzgraff vnd Henrich Reuß/
Auff Römische Helden sitten/
Schön gekleidet blaw vnd weiß/
Zween Patrin die Speer nachfüren/
Auff solch manier bekleidt/
All pretia sie verlieren/
Ihr Mayt. gewan sie beid.

105.

Die 4. Inven-
tion.

M Jt einer Invention schone
Der Herr Marschalck kommen thet/
Weils mit Hertzog Hansen Sohne
Etwas wolt werden zu spdt/
Breyde Rantzow vnd Gert darneben
Des großmechtign Königs Rdth/
Nach den Heerpaucken folgen eben
Die edlen Feldherrn zur ket.

Aber

106.

A Ber noch drey Trommetern
In roth auff Heidnisch gkleidt/
Mit silbern Helmen drey Ritter
Ihr Kleidung mit Silbr bereit /
Mit güldn Sturmhaubn vnd Schilde/
Rennspieß/Harnisch vnd Wehr/
Kam der Kriegsgöttin Bilde
Mit zurück geschlagnen Haar.

107.

R Echt schön mit güldn Helmen
Auch Heidnischn Röckn von Gold/
In sammten Hosen geele/
Die Abenthewr außerwehlt/
Ansehnlich warn gezieret
Ihr schön vnd gute Pferde/
Pallas an Kettn da führet
Die theuren Ritter werth.

108.

N Ach ihnen prechtig kame
Die Göttin Venus schon/
Mit drey Jungfräwlein auch schone/
Mit Music vnd süssen thon/
In roth vnd weissen kleiden/
Mit Gold vnd Silbr vermenget/
Fürt die Rittr an Bendn von Sepden/
Die zu sich zu ziehn gedencket.

109.

V On disen Banden freye
Ein alt greißgrawer Man
Hieb loß die Rittr all dreye
Mit einer Segen schon/

E ij   Da fieng

Da fieng sich an das rennen
Wol zu derselben zeit/
Der Marschalck thet gewinnen/
Die andrn verloren beid.

110.

N Ach disem kam stracks eben
Hertzog Alexander gut/
Mit ein von Bartensleben/
Zween Helden wol gemut/
Vor jhn reit einr mit schalle
Mit zwo Heerpaucken fein
Zwölff Königlich Trommeter alle/
Jhn folgn die Feldherren fein.

III.

D Arnach kamen jhr viere
Auff Polnisch in blaw gekleid/
Von gantzen Böcken schiere
Jhr Sackpfeiffn warn bereit/
Darnach die Helden beyde
Auff Polnisch adlich geziert
In Sammat vnd in Seide/
Ein streithamr jeder führt.

312.

D A kamen auff solch maniere
Röch zween auff Polnisch art/
Die Rennspieß thun sie führen/
Alobald gerennet ward/
Ritterlich sich beweisen
Beyd mechtig Helden schon/
Jhr Mayt. aber mit Preyse
Beyd pretia gewan.

Es kamen

113.

E ES kamn noch vier Reichs Herren/
Preben Güldenstern vnd Axel Brah/
Oluff Rosenspar auch mit ehren/
Georg Braah auch zierlich bo/
Erst Heerpaucken vnd Trommten/
Die Feldherrn folgen ihn/
Auff Reussisch/vier Instrumentisten
Giengn vor den Helden hin.

114.

K Jtterlich komn geritten
Vier Ebenthewrer stoltz/
Auff Moscowitrische Sitten/
Mit Köchrn/Bögen vnd Boltz/
Schön lange Röck sie tragen/
Drübr seidne Mäntel roth/
Reverentz ihr Mayt. gaben
Die Heldn so wol gemut.

115.

D Je Rennspieß thun nachfähren
Vier Patrinen auff solch art/
Alsbald mit grossen Zieren.
Ernstlich gerennet ward/
All vier fechten die Helden/
Nichts brachten sie daruan /
Ihr Mayt. des Rings fehlt selten/
All pretia da gewan.

116.

I N schöner Ordnung kamen
Sten Brahe vnd Sten Ma tesson/
Zwölff Trommten von Silbr allsammen/
Mit zwo Heerpaucken schön/

E iij

Die vi. In
vention.

Die edlen/

Die edln Feldherren eben/
Ein Wagn war schwartz vnd weiß/
Auff dem Fortun thet schweben/
Geziert mit gantzem fleiß.

117.

T Apffer den Wagn regieren
Sechs weisse Schwanen groß/
Auff welchen sie thun führen
Fünff edle Jungfräwlein bloß/
Mit Gold vnd Perlen gezieret/
In Sammet vnd Seyden weiß/
Ein jede schön musicirt
Auff der Bahn mit gantzem fleiß.

118.

M Echtig schön kamn geritten
Beyd Abenthewr herbey/
Auff Romanische sitten/
Mit Perlen warn gar frey
Jhre Seurmhaubn gestickt/
Die Kleidr mit Gold geziert/
In weiß Atlaß Wämser geschmücket/
Ein schön Rondel ein jeder führt.

119.

A Uch warn gar schön gekleidte
Jhr Patrin auff solch manier/
Jhr Mayt. war geneiget
Den Fräwlein vnd Judicirn/
Stehn Brah thet da gewinnen
Das ein pretium schon/
Jhr. Mayt. wardt bald innen
Von Sten Maltesson wider gewan.

Ritterlich

120.

R Itterlich drey Reichs Räthe
Kamen noch auff die Bahn
Henrich vnd Erich Eyke
Mit Walmer Parßberg schon/
Nachn Heerpaucken vnd Trommeten
Die edlen Feldherrn kün/
Drey Instrumentistn mit Flöten
In lang seydn Röcken schien.

121.

S Chön in Osterreisch manieren
Die Helon in Sammt gekleidt/
Besetzt mit güldnen Schnüren/
Atlaß Wamms mit Gold bereit/
Welschn Hosn vnd sammten Hüten/
Hutbendr von Gold so reth/
Mit Perlen vnd Demanten/
Noch drey Patrin in solcher Woth.

122.

C Jerllch ward bald gerennet/
Die drey brachtn nichts davon/
Der Bapst allein gewinnet/
Der Abnd thet kommen schon/
Ihr Heiligkeit thet steigen
Mit der Kron widr auff die Bar/
Nach der Müntz thet sich verfugen/
Davon er kommen war.

123.

H Ort was sich thet zutragen   Sonnabent
Wol auff den andern Tag/   den 4. Sept.
Als es hett neun geschlagen/
Jedrman in Fenstern lag/

Da kas

Da kamen erſt mit ſchalle
Zwo Heerpaucken von Silbr bereit/
Des Königs Trommeter alle
In Sammt vnd Seyd gekleid.

124.

Magiſtri de Campo.

E Ehen nach ihnen kommen
Sechs Fürſten Hochgeborn/
Darnach ſechs Reichsrädth fromme
Zu Feldherrn außerkorn/
Ein Camel ein Mohr nachführet/
Auff ſeim Rück trug es frey
Ein Luſtgarten ſchön gezieret
Mit Laub vnd Frucht mancherley.

125.

N Ich ſaſſen vnten im Garten
Bekleidt mit Seide weiß/
Vier edl Jungfräwlein zarte
Muſicirten mit fleiſſ/
Oben auff thet man ſehen
Mit eim Bogn auffgeſpant/
Ein nacketes Kindlein ſtehen/
Cupido wars genant.

126.

G AR bald hernach thet kommen
Ein groſſer hoher Berg/
Bewachſn mit Kreütern vnd Blumen/
Sah gleich eim Felſen ſterck/
Drauff ſechs Junafräwlein ſaſſen
In weiß adlich gekleid/
Silbrn Zinck vnd Poſaun blaſen
Wers hort dem gabs groß Freud.

R echt

R Echt obn auff thet man sehen/
Mit güldnen Flügeln klar/
Ein lebendigs Kindlein stehen
Mit goldgelb krausem Haar/
Die Fehnlein in seinen Henden/
Fortun.daran thet stehn/
Auch sah man ans Felsen ende/
Ein kleines Kirchlein schön.

128.

A Dlich kamen geritten
In weiß zierlich gekleidt/
Drey Jungfräwlein schön Speer führen/
Der mittelst von Silbr bereit/
Ihr Mayt. reit alleine
In eim Quersattel mit fleiß/
Gleich einer Königin reine
Bekleid in Silbrtuch weiß.

129.

F ürtrefflich mit edelsteinen
Ihr Heube gezieret war/
Mit Gold vnd Perlen reine/
Ein köstlich Halsband klar/
Auch führt sie in ihren Henden
Von Gold ein Scepter werth/
Königlich an allen enden
War außstaffiert sein Pferd.

130.

E JN edl Jungfraw alleine/
Ihr folgn noch drey behend/
In weisser Seyd gar feine/
In Quersätteln ritten allesampt/

F   Sechs

Sechs edl Jungfräwlein führen
Sechs Königliche Pferd/
Die wol wuſt zu regieren
Die edle Köngin werth.

131.

Die 1. Inventi-
on des an-
dern tages.

Z Jerlich ward da geneiget
In der Auff vnd Niederfart/
Den Judicirern groß Ehr erzeiget/
Auch alln edln Fräwlein zart/
In Vorplaß thet ſich ſtellen
Ihr Mayt. auff der Bahn/
Darauff kam bald mit ſchalle
Herr Adminiſtrator ſchon.

132.

Magiſtri de
Campo.

V Jertzehn ſilbern Trommeten/
Zwo ſilbern Heerpaucken gut/
Drey Fürſtn vnd drey Reichaldt/
Ja Feldherrn wol gemut /
Drey Patrin mit blawen Fahnen
In weiß Atlaß vnd Sammet Kleid/
Drey Lackeyn blaw allſammen/
Auff ſondr manier bereit.

133.

O rdentlich kam geritten
Herr Adminiſtrator ſchon/
Prechtig auff Heidniſch ſitten
Mit Johan Sigmund ſein Sohn/
Einvndzwantzig Graffen vnd Herren
Auff Heidniſch auch ſchon gekleidet
Sieben Roß thet man nachfuhren
Mit Fürſtlichen Zeugn bereit.

Luß

L Vſt thet man wider ſehen
    Auch groſſe Gſchwindigkeit
    Ihr Mayt. thet begehen/
    Drey Currer mit jedem reit /
    Gwan all precia eben/
    Ohn des Graffen von Schlick/
    Vnd Güntzel von Bartensleben/
    Die ſchiene an das Glück.

135.

D Arauff kam auch mit ehren   Die 1. Inven-
    Hennig Goy Hoffmarſchalck bald / tion.
    Erſt Trommter vnd Feldherren
    Drey Inſtrumentiſtn in Engelsgeſtalt/
    Der Abentheurer allein kame
    In gſtalt eins Engels ſchon/
    In eim blawſeydn Rock ſchone/
    Ein güldn Rock dräbr geſchlan.

136.

E R auff ſeim Rücken führet
    Zween güldne Flügel groß/
    Ein Schwert mit Gold gezieret
    In ſeiner Hand trug bloß/
    Ein Binde darumb thet ſchweben
    Von blaw mit güldn Tobin/
    Sein Roßzeug mit Gold eben
    Vnd rotem Sammt gantz ſchien.

137.

N Och drey Patrin darneben
    Ein jedr ein Speer nachfürt/
    Dem Herrn am Gſchmuck gantz eben
    Als Engl gar ſchön geziert/

Drey Engl jeder thet füren
Ein schön Roß auff die Bahn/
Der Engl thet da verlieren/
Ihr Mayt aber gewan.
138.

Die 3. Inven-
tion. B Ald kamen vier Reichs Herren/
Este Brock vnd Niels Schram so frey/
Frantz Rantzow auch mit ehren/
Knudt Brahe auch ohn schew/
Drey Instrumentistn/ erst giengen
In braun vnd weiß fürwar/
Auff Heldnisch art allr dinge
Auff Köpffn mit Helmen klar.
139.

V OR einen Wagen giengen
Zwey zame Hirschlein schon/
Drauff saß Fraw Venusinne.
Mit Cupidine ihrem Sohn/
Auff der Bahn ließ sie aufflieen/
Mit Seydn Bändrn viel Tauben weiß/
Zur rechten seit beym Wagen
Ein Munch vnd Landsknecht reiß.
140.

R Ot vnd weiß thete tragen
Der Kriegsman eine Fahn/
Zur lincken seit beym Wagen
Ein Türck vnd ein Fuhrman/
Ein alt Weib nach thet schreiten/
Saturnus in weiß vnd roth/
Zu Roß/die Zeit bedeutet/
Mit eim Bogn folgt ihm der Tod.

                                    Gang

G Antz statlicher Helden sitten/
Die Abenthewr war geziert/
Die ihn mit Speern nachritten/
Auch gleich statlich staffiert/
Esse Brock war gleich dem Herren
Im treffn/Frantz Rantzow gewan/
Ihr Mayt. abr mit ehren
Bracht zwey Kleynod davon.

142.

V Brauß schön thet dar kommen   Die 4. inven-
Friedrich Rosenkrantz vnd Jacob Lick/   tion.
Nach den Trommten vnd Trummen
Mercurius in seim geschick/
Er hett auff seinem Heubte
Ein geparts Sturmhdublein roth/
Mit eim Hanckam bereitet/
Vnd zweyen Flüglein gut.

143.

N Och blaw vnd roth gezieret/
Im langn Mantel vnd Rock/
Zwo Schlangn in seinr Hand führet
Gewundn vmb einen Stock/
Zwey Stiefflein thet er tragen/
An Füssn zwey Flüglein klein/
Zween Patrin hinder ihm traben
Als Sonn vnd Monde fein.

144.

D Er ein trug auff dem Kopffe
Ein güldne Sonne klar/
Im langn Tubinen Rocke/
Sein Rennspieß silbern war/

Der andr vffm Heubte führet
Ein Mon von silber wei- /
Sein Rock mit Stern gezieret/
Roth vnd weiß sein Rennspieß.

145.

D Arnach ein Heldnischr Ritter
Im blaw vnd weissen Rock/
Mit Helm vnd Rüstung dapffer/
Ein brennend Hertz für sich trug/
Drey Charites ein Jungfraw zieren/
Auff drey Straussen sitzen schon/
Güldn Hufeysn in Mund sie führen/
Die kamn mit süssem thon.

146.

E In Wagen sie thun führen/
Darauff Fraw Venus saß/
Ein Mantl auff Königlich zieren/
Von schön roten Sammet was/
Lang außgeschlagen Hare/
Darauff ein güldne Kron/
Mit Kindlein Cupido klare/
Ein Bogn vnd Pfeil drauff schon.

147.

L Jeblich hett sich gesellet
Der Kriegsgott Mars zu jhr/
Sein Küriß mit Gold vermalet/
Sein Helm von Gold auch schier/
Sein Roß gar schön geschmücket/
In der Hand ein blosses Schwerdt/
Die güldn Kete zu zerstücken/
An welchr jhn Venus führet.

Mit ei

148.

M Jt einer güldnen Krone
Vnd Donnerstraln in der Hand
Reit der Gott Jupiter schone
In blaw seyden Gewand/
Saturnus im gelb seydnen Rocke/
Ein Kind in seiner Hand/
Ein silbern Haub auff seim Kopffe/
Wie mans gemahlet sind.

149.

E Jn braun Pferd einer führet/
Ein lang weissen Rock an/
Mit gelem Zeug gezieret/
Hett ein Kopff wie ein Han/
Mit Silbr sein Kleidr gesticket/
Man nennet ihn den Tag/
Hindr ihm die Nacht nachrücket/
Im langen schwartzen Rock.

150.

N Och war der Rock gezieret
Mit güldnen Sternen rein/
Ein Eulenkopff er führet /
Ein schwartzbraun Pferd so fein/
Mit roter Deckn vnd Zeuge
Mit Silbr gesticket fein/
Die precia von den beyden
Ihr Mayt. gwan allein.

151.

H Errlich auff Türcksche weise   Die 5. Jnven-
Ditloff Holck vnd Clauß Padebusch kam/   tion.
Preden Bilte/Tagge Krabbe mit preise/
Lang rot seydn Röck hetten sie an/

eie   Türcklisch

Türckisch Hüt mit Federn schöne/
Sebeln / Eschern vnd Pusian/
So ihr Instrumentistn vnd Pattinen/
Ihr Mayt. von dreyen gewan.

152.

Die 6. Juven
tion. O Rdenelich theten kommen
Christoff Parsberg/ Otto Rosenkrantz/
Mit Christian Vernekauw fromme/
Erst fünff Trommter auff Türckisch gantz/
Die Abenthewr mit Türckschen Hüten
Vnd Atlassen Röcken braun/
Schönen Säbeln vnd kleinen Exten/
Auff Türckschen Rossen schon.

153.

R Ein tratn drey Türckisch Lackeyen
In seydn Röckn vnd Hüten schon/
Ihn folgt ein schön Galleye
Mit seydn Segln auff der Bahn/
Vorn zwey Meerroß erschienen/
So groß als ein ander Pferd/
Scheinend im Wasser schwimmen/
Die regiert Neptunus werth.

154.

S tehen thet nackt gar schone
Der die Roß an Ketten leit/
Neptunus in güldner Krone
Hinderm Schiff war bekleid
Mit Indianschen Tuch von Seyden/
Auffn seiten wars auffgeschlan/
Manch Türcksch Instrumentist bescheiden
Drunder in seydn Kleidern thet stahn.

Thet

154.

T Het man im Schiff/ noch sehen
Die Schlaven mit Rudern roth/
Drübr blaw vergüldte Schild stehen/
Die Galley zu rudern fort/
Die Siegel ließ man streichen
Vorn Judicirern auff der Bahn/
Zum Ehr vnd Reverentz Zeichen
Der Herrn vnd Frawlein schon.

156.

G Leichr weiß noch drey Patrinen/
In weiß Seyd auff Türckisch geziert/
Drey Knecht in Türckschen Zieren
Jedr ein schön Roß nachführe/
Da fieng sich an das rennen/
Ihr zween theten verliern/
Otto Rosenkrantz thet gewinnen
Ein pretium thun wegführn.

157.

O BR Lung/ Vlrich Sandtbierg eben
Matz Sandberg auch darbey/
In gstalt wildr Männer eben/
Auff die Bahn kamn so frey/
Sechs Instrumentistn darneben
Auff wilder Männer manier/
Ritten auff Hirschen eben/
Noch drey zu fuß sah man schier.

Die 7. Invention.

158.

D Je Abenthewr bekleidet
Mit langn Haarkreutern vnd Moß/
Die Patrinn auch bereitet
Gleich wie ihr Herren bloß/

G   Ihr

Jhr zween theten verlieren
Die pretia so schon/
Vlrich Sandbierg allein mit zieren
Ein precium gewan.

159.

Die 8. Jnven-
tion. L Ang weg gar schnell geritten
Die H. Drey könige warn/
Peter Basse vnd Jacob Beck mitte/
Albrecht Scheelauch außerkorn/
Ein Hauß sie mit sich führen
Darüber ein Stern thet stahn/
Drinn hört man figuriren
Als man kam auff die Bahn.

160.

O Ben auff ihren Häupten
Jeder trug eine Kron/
Röck grün vnd roth von Seyden/
Auff ihrn Händen das Opffer schon/
Der ein sah gleich cim Moren/
Die Patrin an Kleidern ihn gleich/
Doch auff ihrn Heubten führten
Arabisch Hüt seuberlich.

161.

B Ald ein Mohr in Türckschen Kleiden
Ein beladen Camel nachfürt/
Drüber ein Deck von grüner Seyden/
Auff der Bahn wards so regiert
Daß es fiel vorn Judicirern
Vnd Fräwlein auff die Knie/
Jhr Mayt. von den Curirern
Die precia gewan all drey.

Gschwind

162.

G Eschwind kamn rein acfahren
  Christian vnd Ebbe Munck/
  Sten Madson vnd Andres Senckbare/
  Als Maltenser in gleicher Kleidung/
  In schwartz Sammten Cossacken/
  Weiß Atlaß Wdmser an/
  Sammte Buchsn/An ihren Brüsten
  Weisse Creutz sie führen thun.

Die 9. Jnvention.

163.

E S waren auch ihr Patrinen
  In Sammt vnd Atlas weiß/
  Der Postilion reit vor ihnen/
  Ein Posthörnlein tapffer bließ/
  Eschwind ihm all nach passieren
  Inn vollm Renn vbr die Bahn/
  All vier thun sie verlieren/
  Ihr Mayt. alles gewan.

164.

L Orentz Brockenhuß/Knuth Rud darneben
  Henning Walckendorff auch darbey
  Auff Persisch in geeler Seid eben/
  Groß auffgschlagen Hüte frey/
  Ihr Instrumentistn vnd Patrinen
  Ihn an Kleidern vnd Zierath gleich/
  Ihr Maye. ehee gewinnen
  Von allen dreyen zu gleich.

Die 10. Jnvention.

175.

I N gstalt der Fortun freye
  Birge Troll kam auff die Bahn/
  Ein Patrin mit eim Speer alleine/
  Weiß seydn Boßmans Kleeder an/

Die 11. Jnvention.

wi nd   G ij   Ein

Ein Schiff schön außstaffieret
Mit Segeln vnd ander gehör/
Auch mit zwölff Stücken gezieret/
Zum Krieg gerüstet war.

166.

C Jerlich vorn an dem Schiffe
Als wenns im Wasser gieng/
Ein Mann vnd Meerweib lieffe
Mit eim Klüppel schlug er gering
Auff einer Trummel kleine/
Ein Flöt in seinem Mund/
Zugleich drein pfeiff gar feine/
Regierts mit der lincken Hand.

167.

K Vnstlich das Weib thet schlagen
Ein Lautn mit grosser Freud/
Außm Schiff viel Musicanten saßen/
Morn/Affn/vnd schwartze Boßleut/
An Segeln war Sonn vnd Mone/
Planetn vnd allerley Stern
Gemalt mit Silber vnd Golde/
Lustig sahe auß von fern.

168.

L Jeblich auff einer Kugel
Der Abendthewr stehen thet/
In gstalt der edl Fortunen/
In weisse Seyd gekleidt/
Im auff vnd nieder ziehen
Die Gschütz all giengen loß/
Viel Racketn vnd Fewr drauß fliehen/
Das gab ein groß gedoß.

In hundte

169.

I N bundte Kleider gzieret
Zween Morn mit Schelln behengt/
Jeder ein Roß nachführet/
Fortun auffs Roß sich schwinget/
Da sieng sich an das rennen/
Die Königlich Mayestat
Von Fortuna thet gewinnen
Ein schön pretium an der stat.

170.

C Hristian Hardenberg freye/   Die 12. Inven-
Georg Kaaß/Esse Bilde from/   tion.
In gstalt Jacobs Brüder dreye/
Erst drey Instrumentistn komn
In silbrfarb Taffet eben/
Leibröckn biß an die Knie/
Grossn Hütn mit breiten Auffschlägen/
Silbern Muscheln darbey.

171.

H Erein in weissen Röcken
Die Abenthewr kamen bald/
Schwartzn Mäntein vnd breiten Hüten/
Silbrn Muschln auch vberal/
Drey Patrin jhnen gantz gleiche/
Drey Jacobs Brüdr nachführtn behend/
Drey schöne Roß seuberliche
Ihr Mayt. von zweyen gewinne.

172.

G AR schön auff Vngrisch kame   Die 12. Inven-
Magnus Göye vndMarten Wensterman/ tion.
In goldgeln Röcken schöne/
Roth seydn Mäntl darüber gschlan/

G iij   Mit

Mit güldnen Schnüren gesticket/
Sammten Hüten mit schönen Wirbeln/
Mit schönen Federn gesticket/
Prechtig kamens herein.

173.

E S warn auch schön gezieret
Vorgehnd Musicanten vier/
Zween Patrin ein jeder führet/
Ein Spier mit grosser Zier/
Drey schön Roß thet man nachführen
Den ersten Herren schon/
Doch thetn sie beyd verlieren/
Ihr Mayt aber gewan.

174.

Die 14. Invention. K Urtzlich darnach thet kommen
Hannibal Güldenstern als Action/
Erstlich ein Kast odr Brunnen
Mit Streuchn vnd Laubwerck schon/
Drinn Musicanten sassen
Mit der nacketen Diana/
Mit ihrn Jungfrawn dermassen/
Darnach drey Jäger da.

175.

R Jtten mit Winden vnd Hunden/
Grün Kleidr hetten sie an/
Ihr Jaghorn bliessn zur stunden/
Der Abenthewrer wol gethan
Thet ein Hirschkopff aufftragen/
In Sammten Kleidern grün/
Ein Jägerhorn thet auch haben/
Nach ihm reit sein Patrin.

Ohn

176.

O Hn disen kam noch einer
Als auch ein Jägr staffiert/
Welcher dem Abenthewrer
Ein schönes Roß nach führt/
Das pretium mit schalle
Ihr Mayt so schon/
Gleich wie hernach von allen/
Von disem Helden gewan.

177.

N Ach dem Georg vnd Erich Ihren   Die 15.Inven-
In schwartz Sammt adlich gekleid/   tion.
Buchssen auff Welsch manieren/
Cosiacken von Sammat bereit/
Mit silbern Schnüren gesticket/
Ihre Patrinen in solchen manieren/
Ihr Musicantn auch so geschmücket/
Die pretia beyd verliern.

178.

E S kamen auch herane   Die 16.Inven-
Jacob Rosenkrantz vnd Otto Lindenaw/ tion.
Mit Knud Güldenstern gar schon/
Auff Arabisch bekleidet so/
Drey Instrumentistn mit Schalmeyen/
Langen Röckn blaw vnd roth/
Roth Arabisch Hüte frey/
Auff den Köpffn ein jeder hat.

179.

T Apffer in langen Röcken
Von blawn Damasck bereit/
Hinden mit rotn Vberschlägen/
Rauch Arabisch Hüt auff dem Heupt/

h ij   Mit

Mit Werffspießlein in den Händen/
Ihre Säbeln on der seit/
Ihr Patrinn in solchen Gwanden/
Die precia verlorn sie beyd.

180.

Die 17. Inven-
tion.

Z   Um letzten theten kommen
Peter Brahe vnd Knud Grubbe schön/
Drey Trommete in Sammten Kollern/
Mit gelb Tässten Wamsen an/
Sammten Büchsn mit gülden Schnüren/
Zween Reute auch so bekleed/
Ein jebr ein Fahn thet fürn.
Drauff ihres Herrn Wappen stehe.

181.

V   Bral auch schön gezieret
Waren die Abenthewrer beyd/
Sammten Röckn mit gülden Schnuren/
Gelb Atlaß Buchsn vnd Waffis von seyd/
Schwartzn Hütn vnd schön Huthandn/
Schwartz vnd geel Federn geziert/
Edlsteinen vnd schön Demanten/
Ihre Pferd auch prechtig staffiert.

182.

K   Drtzlich thet sich da enden
Das Könglich Ritterspiel/
Ihr Mayt fatzt sich behende
Auff ein andern schönen Gaul/
Vors Jubieier Hauß thet reiten/
Zu ehrn den Jubleirn/
Tummelt ihn auff allen seiten
Nach Ritterlichen Ziern.

Onter

O Nder dem edlen Herren
Das Roß fiel auff die Knie/
Fürm Fürstn vnd Judicirern
Für all ihr ghabte Müh/
Mit neigendem Haubt sich bedancken/
Auch mit credentzn der Hand/
Reit fürder in andern Schrancken/
Für die Königlich Mutter zu stund.

184.

P Rechtig sich wider stellet
Das Roß so wol gethan/
Auff beyde Knie auch fellet
Für den Fürstlichen Frewlein schon/
Darnach ihr Mayt. springen
Widr in ein Quersattel schon/
Nach der Müntz zogn gleicher dinge
Wie sie vor kamn davon.

185.

P Ersönlich sich begeben
Auffs Schloß die Herren all/
Mit der Königin vnd Fürstin eben
Zu halten das Abendmal/
Der Danck da thete weren
Dem newen König schon/
Ich schwer bey meinen Ehren
Er hatte das best gethan.

186.

E R hat in zweyen Tagen
Dreyhundert vnd viertzig Ritt gethan/
Zweyhundert vnd sechs mal getragen
Den Ring am Speer davon/
                    H   Siebenn

Siebnßehen mal an der Reyhe/
Drumb nicht allein viel gewan/
An güldn vnd silbern Gschmeide/
Sondrn auch Lob vnd Ehr von jederman.

187.

Sontag den 5. N Ach ghaltner Predigt eben/
Septembris.   Hielt man Königlich Pancket/
              Viel Fürstlich Tänß darneben/
              Groß Freud war an aller stet/
              Zwölff Trommter bliessn vmbhere
              Vorn Königlichn Herolden beid/
              Die Fürstn/Rither vnd Herren
              Zum Torniern solln sein bereit.

188.

Montag des 6. H Jer wil ich nicht beschreiben
Septemb.   Die Königlich Zierrath fein/
              Edlstein/Gold/Perln vnd Seyden
              An der Königlichen Rüstung rein/
              Sondern ein wenig rüren
              Die freudig Manheit groß/
              Die jhr Maye. thet füren/
              Denn ich eil zum Beschluß.

189.

      A LLs was jhm thet begegnen
        Das must zu Drümmern gahn/
        Vor jhm thet sich bewegen
        Manch Held vnd kühner Man/
        Kein Speer kund man jhm bringen
        Das jmmr mocht sein so starck/
        Gen Himml must es auffspringen/
        Die stück weit auff den Marck.

                              Gleich

190.

G Leich wie er zuvor thet bgehen
Gar groß geschwindigkeit/
So ließ ihr Mayt. hier sehen
Ihr gar groß Manligkeit/
Groß wunder thet er treiben
Mit seim Schwert auff der Bahn/
Vor ihm kondt keiner bleiben/
Noch vor seim Schwert bestahn.

191.

E S thet ohn Schad zergehen/
Gott lob/der Tag mit Freud/
Zu Kronenburg ließ darnach sehen
Ihr Mayt. sein Herrligkeit/
Da ward groß Freud gehalten
Mit Gschütz und Freudenfewr/
Pancket und Tantz mannichfalte/
Drauff reisn die Herren thewer.

Den 7. Sept.
bis 3u 14. Sept.

192.

N V wolln wir lassen fahren
Die edl Gesellschafft sein/
Gott woll sie und auch bewaren
Unsrn großmechtign König fein/
Sein Fraw Mutter und sein Verwandten
Sampt dem gantzen Dennemarcks Land/
Und auch den Vater im Lande/
Der mir halff auß Herodis Hand.

Ende.